CATÉCHISME

POLITIQUE

DÉDIÉ

AU PEUPLE FRANÇAIS

PAR MAURICE HOUDAILLE

Capitaine en retraite.

ROANNE

LIBRAIRIE DURAND

—

1863

PRÉFACE

Depuis trop longtemps l'opinion publique est égarée par de fausses doctrines politiques ; il importait d'expliquer le seul dogme de foi politique que la France a adopté, qu'elle a consacré par trois révolutions et qu'elle n'abjurera qu'à la mort,

LE DOGME DÉMOCRATIQUE!

TIMBRE

A TIMBRER A L'EXTRA
LOIRE

CATÉCHISME POLITIQUE

ETAT POLITIQUE.

Il n'existe en France que deux principes politiques: l'aristocratie ou absolutisme, et la démocratie ou libéralisme.

L'aristocratie est le pouvoir illimité d'une faction. La démocratie est le pouvoir illimité de tous.

De ces deux principes découlent différentes formes de gouvernements que nous allons examiner.

ARISTOCRATIE.

Gouvernement *aristocratique* signifie gouvernement des *meilleurs*. Si ce mot était pris dans le sens vrai et reconnu par tous, ce serait l'attribut des plus capables, des plus honnêtes , il constituerait un gouvernement démocratique. Mais *meilleur* étant l'attribut exclusif d'une classe d'hommes, et non une qualité, constitue un système arbitraire et absolu qui s'appelle *aristocratie ,* et qui n'est autre chose que la coalition de la haute noblesse et du haut clergé , qui a pu , pendant quatorze siècles, par la tyrannie, par le fanatisme, asservir tout un peuple, le dégrader et le réduire à la condition de bête de somme, et qui ose aujourd'hui, au grand jour de la liberté, de la civilisation, produire des prétentions au retour de son passé.

L'aristocratie est la négation de la civilisation , de l'égalité (principes divins qu'elle ose invoquer); c'est une faction qui conspire contre la liberté du peuple. D'un tel gouvernement ne peut sortir que révolution.

SOCIALISME, COMMUNISME.

D'autres factions dites *socialisme, communisme,* etc., essayent aussi de se rendre absolues ; elles veulent détruire d'abord toutes les institutions sociales basées sur la liberté, sur le droit, sur la morale et sur la religion , et leur substituer un état social basé sur l'arbitraire, sur le vol, sur l'immoralité et sur l'athéisme. Comme mobile, elles offrent la fortune ; comme moyen, la guillotine, et, comme distinction, le bonnet de forçat.

De telles doctrines ne peut découler que la barbarie, c'est de l'absolutisme, autrement dire l'idée opposée au *principe*.

DÉMOCRATIE.

Démocratie signifie pouvoir du peuple, mais en opposition de nom seulement à *aristocratie* ; car elle n'a pas de caractère exclusif de domination. C'est l'état d'un peuple libre. Elle n'est pas un gouvernement ; elle s'identifie seulement au gouvernement qui découle de son principe, quel qu'en soit le nom ou la forme ; elle ne se manifeste pas pour s'imposer, mais pour constituer un pouvoir qui puisse protéger et qui ne peut être arbitraire, puisqu'il communique sa puissance à ceux qu'il pourrait opprimer.

La démocratie est la conscience des peuples et se manifeste par leur voix : la voix du peuple est la voix de Dieu, *vox populi, vox Dei*.

De la démocratie peut donc découler n'importe quelle forme de gouvernement, et qui ne peut être arbitraire, puisqu'il est l'expression de la volonté.

OPINION DE LA FRANCE.

L'opinion politique n'a donc plus à s'égarer ; elle n'a qu'à se prononcer pour un de ces deux principes : *aristocratie* ou *démocratie*. En adoptant le premier principe, le peuple doit abjurer ses droits de liberté et s'abandonner à une faction. En admettant le second, le peuple délègue seulement les pouvoirs d'exécuter ses volontés, et de protéger ses libertés et sa nationalité. Ou, pour mieux définir la situation, dans le premier cas, le peuple s'interdit ; dans le second cas , il s'émancipe.

SUFFRAGE UNIVERSEL.

Le suffrage universel est l'expression du principe démocratique; et de même qu'il ne peut être empêché sans porter atteinte à la démocratie, de même il ne peut s'abstenir sans exposer la vérité.

Que le peuple n'oublie pas que le titre d'électeur est la distinction de l'homme libre, qu'il est le prix d'un sang généreux, qu'il est le gage de notre liberté, et que c'est un précieux héritage à transmettre à nos enfants, si nous voulons leur éviter les horreurs des révolutions ; que le père de famille, le chrétien, le propriétaire, l'industriel, le laboureur, tout honnête homme enfin sachent qu'ils sont en majorité les bons citoyens; mais que, s'ils négligent de voter, ils abandonnent leurs destinées à une minorité factieuse, qui épie sa proie pour la dévorer.

Le suffrage universel a obtenu, comme on l'a reconnu, en France, les meilleurs résultats, tant qu'il a été complet; mais, s'il est mutilé, il devient l'arme d'une faction, qui ne peut que blesser.

Si la démocratie est la conscience des peuples, le suffrage universel, qui en est l'expression, doit en sortir pur.

Que le vrai patriote ne vote pas le renversement de la société pour la reconstruire sur une idée;

Que le philosophe ne vote pas en sophiste.

Que le père de famille, le propriétaire, ne vote pas aveuglément, pour l'inconnu qui pourrait engloutir famille et fortune; que le serviteur, le tenancier ne vote pas complaisamment pour le maître qui peut devenir tyran.

Que tout Français vote avec la dignité de l'homme pour un principe, et non pour une idée ou pour un salaire; que l'électeur soit avant tout l'homme libre.

Qu'on ne perde pas de vue cet axiome : *l'union fait la force*, et le moyen d'obtenir cette union si l'on ne se rallie à tout ce que nous avons de plus grand, de plus noble dans le monde, à la parole sacrée d'un Napoléon qui a créance dans tout l'univers.

Que tous les Français soient unanimes à appuyer leur chef comme à défendre leur drapeau , et la France sera définitivement libre.

POURQUOI L'EMPIRE ?

D'abord parce que la France l'a voulu, — Mais pourquoi l'a-t-elle voulu ? La réponse ne peut être que conjecturale, mais tellement évidente qu'elle doit être affirmée.

Après la révolution de 89, quand la démocratie eut enfin triomphé de l'aristocratie, elle ne tarda pas à acquérir tristement l'expérience qu'il lui fallait un pouvoir fort pour protéger ses libertés et sa nationalité; elle délégua ses pouvoirs au plus illustre de ses guerriers, Napoléon Bonaparte. Ce grand homme ne fut pas un grand guerrier, un fin diplomate, un habile administrateur, un profond législateur; ce fut un génie qui sut immortaliser la France et toutes ses institutions sociales et qui inonda le monde des germes de la civilisation.

L'aristocratie de l'Europe, effrayée, se coalisa sous prétexte du conquérant contre la démocratie qu'elle étouffa; et, loin de respecter tant de grandeur qui avait subjugué le monde , elle immortalisa Napoléon Ier en le condamnant au martyre.

Dès lors la démocratie française et la gloire de Napoléon, devenues immortelles et solidaires, s'étant enveloppées ensemble du linceul de la liberté et de l'honneur de la France, ne devaient-elles pas se découvrir ensemble?

Voilà pourquoi la démocratie a voulu l'empire, mais l'empire de Napoléon, parce que Napoléon n'est pas un homme, un pouvoir, mais un principe identifié au caractère de la France et solidaire de la démocratie.

EMPIRE.

Les factieux n'ayant d'autres reproches à adresser à l'empire l'appellent *régime du sabre, dictature* etc., parce que le nom, les obligations de ce gouvernement semblent lui prêter cette qualification. Mais que le peuple ne perde pas de vue que si la démocratie française a gagné les sympathies de tous les peuples, elle a ébranlé tous les trônes absolus qui ne pourront s'écrouler sans atteindre la France si elle ne reste sur la défensive. Que le peuple n'oublie pas que les gens qui attaquent la grandeur de l'empire sont ceux qui ont déshonoré la France par leur trahison et qui l'ont fait humilier par l'ennemi pour la dominer.

Le gouvernement impérial a reçu, il est vrai, des pouvoirs aussi grands que la confiance de la nation pour reconstituer la société, mais l'Empereur ne s'en est servi que pour régénérer la gloire, la réputation et toutes les institutions de la France.

NAPOLÉON III.

S. M. Napoléon III n'est point venu revendiquer comme droit le trône de ses ancêtres; il a voulu, à la face du monde, proclamer le principe démocratique en se soumettant au suffrage universel, qui, en le proclamant empereur, a destitué tous les monarques absolus.

Napoléon avait deux grands caractères à soutenir, celui de la France et celui de Napoléon Ier. En attendant que l'histoire l'immortalise, le monde l'admire.

DEVOIRS DES ÉLECTEURS.

Les électeurs ont à élire les conseillers municipaux, les conseillers d'arrondissement, les conseillers généraux et les députés au corps législatif.

Toutes ces nominations ont une grande importance et un enchaînement facile à saisir: le conseiller municipal est en communication directe avec l'électeur, il peut apprécier tous ses besoins; c'est de lui que s'inspire le conseiller d'arrondissement, lequel communique avec le conseiller général, et enfin des différents conseils sortent des

enseignements qui profitent au député devant
fournir à la loi l'esprit de son temps.

CHOIX DES CONSEILLERS ET DES DÉPUTÉS.

Pour le choix des conseillers municipaux qui a
lieu dans une petite circonscription, il est possible
à chaque électeur de ne pas se tromper ; mais,
pour le conseiller d'arrondissement et le conseiller
général dont la nomination est par canton, c'est
déjà difficile; enfin, pour le député dont la nomination se fait par arrondissement , il est impos-
sible à tous les électeurs de s'assurer que le
candidat a une vie irréprochable , et toutes les
qualités éminentes qu'exige l'emploi.

Eh bien ! ne voit-on pas la nécessité de désigner
au choix des électeurs l'homme digne à tous égards
de son suffrage ; et à qui peut-on demander ce
soin impartial et délicat, si ce n'est à l'Empereur,
qui seul a un titre de plus que chaque citoyen ,
celui de la confiance et des pouvoirs de la majorité.
C'est donc pour cela que le gouvernement scrute
minutieusement la vie des candidats qui se pré-
sentent au choix des électeurs et désigne le plus
capable, c'est-à-dire l'honnête homme respectant
toutes les lois morales et civiles de son pays , et
n'obéissant à aucune faction politique.

Or, tout individu venant se poser le candidat
d'un parti d'opposition est un factieux et un

imposteur, car il n'existe qu'un parti en France,— depuis que tous ont reconnu leur impuissance à maintenir l'ordre et se sont fondus en un seul capable de constituer un ordre social et de défendre la nationalité. Il n'y a donc que des mécontents, déchus du pouvoir de priviléges ou d'espérances, qui ne voulant pas se soumettre à la loi commune, viennent harceler la société de leurs récriminations et de leurs prétentions ; mais tellement divisés de principes et d'opinions qu'ils restent isolés; mais si, par un pacte inqualifiable, ils venaient à s'unir pour s'emparer du pouvoir, ils ne tarderaient pas à s'entre-déchirer pour se l'arracher, et livreraient de nouveau la France à la merci des Etrangers.

Il n'est pas à dire qu'il ne puisse exister de divers genres d'opinions sur toutes les questions sociales, sur la constitution même, toutes perfectibles; mais ce qui n'est pas admissible, c'est qu'une faction puisse opposer un autre principe de gouvernement à celui établi, car ce serait la négation des pouvoirs de la démocratie qui sont immuables.

CHOIX DES MAIRES.

La présidence de tous les conseils appartient de droit à l'Empereur qui, ne pouvant se multiplier, doit déléguer de fidèles interprètes de ses sentiments et de sa politique; c'est donc du choix de Sa Majesté que doit émaner la nomination des maires comme de tous les présidents de conseils.

CONCLUSION.

La France est devenue la plus puissante des nations : elle se perfectionne dans les arts, dans l'agriculture; elle développe son commerce ; elle jouit de la paix intérieure et d'une grande prospérité; elle a toutes les libertés individuelles; elle progresse enfin dans toutes les institutions humaines. A quoi attribuer ce commencement d'un avenir si brillant, si ce n'est à l'union du génie napoléonien et de la démocratie?

Enfin la France démocratique n'admettant plus ni seigneurs, ni vassaux, ni serfs, ni sectes, ni priviléges; reconnaissant seulement des citoyens libres et égaux, ne comptera bientôt plus que des patriotes bien unis et soumis aux décisions des plus sages.

Tant qu'un Washington aurait présidé aux destinées de l'Amérique jamais l'union n'aurait cessé.

Tant qu'un Napoléon sera à la tête de la démocratie, jamais la France ne dégénérera.

La démocratie pour se personnifier fit homme le génie

Imprimerie Chorgnon à Roanne.